JENNIE APPEL & DIRK GROSSER

Öffne deinen heiligen Raum

DIE ANDERSWELT PERSÖNLICH BEGRÜSSEN

Schirner Verlag

Die Ratschläge in diesem Buch sind sorgfältig erwogen und geprüft. Sie bieten jedoch keinen Ersatz für kompetenten fachlichen Rat, sondern dienen der Begleitung und der Anregung der Selbstheilungskräfte. Alle Angaben in diesem Buch erfolgen daher ohne Gewährleistung oder Garantie seitens der Autoren oder des Verlages. Eine Haftung der Autoren bzw. des Verlages und seiner Beauftragten für Personen-, Sach- und Vermögensschäden ist daher ausgeschlossen.

ISBN Printausgabe 978-3-8434-5087-4
ISBN E-Book 978-3-8434-6150-4

Jennie Appel & Dirk Grosser:
Öffne deinen heiligen Raum
Die Anderswelt persönlich begrüßen
©2014 Schirner Verlag, Darmstadt

Umschlag: Simone Fleck, Schirner, unter Verwendung von #576534 (© .shock), www.fotolia.com, #121275622, (Transia Designs), www.shutterstock.com
Satz: Simone Fleck & Claudia Simon, Schirner
Redaktion: Claudia Simon, Schirner
Printed by: Ren Medien GmbH, Germany

www.schirner.com

3. Auflage Februar 2018

Alle Rechte der Verbreitung, auch durch Funk, Fernsehen und sonstige Kommunikationsmittel, fotomechanische oder vertonte Wiedergabe sowie des auszugsweisen Nachdrucks vorbehalten

Inhalt

Einleitung 6
Die Anderswelt:
Unterstützung aus der Geistigen Welt 10
   Übung 1: Die Verbindung stärken 22
Zu Gast in der Anderswelt:
Respekt und Achtsamkeit 24
Eine persönliche Beziehung:
Wen und was möchte ich um Rat fragen? 28
Die Himmelsrichtungen und die Elemente 32
Die Geister 38
Die Krafttiere 40
   Übung 2: Den Archetypen und Bildern der eigenen
   Kultur begegnen 50
Öffnung des heiligen Raumes –
Öffnung des eigenen Herzens 52
   Übung 3: Meine Bilder finden 64
   Übung 4: Die Lichtkugel ausdehnen 68
Die Anrufung: Das erste Tor zur Anderswelt 70
   Übung 5: Meine Anrufung formulieren 76
Die Bedeutung von Ritualen 80
Schlusswort:
Den Weg gehen – die Beziehung vertiefen 88
Danksagung 92
Über die Autoren 93
Literaturhinweise 95
Abbildungsverzeichnis 96

Einleitung

••••

*Der heilige Raum wird in uns geöffnet
und reicht aus unserem Herzen
bis in andere Welten.*

••••

Wenn Sie mitten im Wald mit beiden Füßen fest auf der Erde stehen und ganz still werden, wenn Sie dort versuchen, zu spüren wie Ihr Herz schlägt, und gleichzeitig wahrnehmen, wie Sie würzige, frische Waldluft atmen – dann werden Sie den Kreislauf der Natur in sich aufnehmen, mit ihr eins werden, und alle Zerstreuung der Welt wird weichen …

Ein heiliger Raum kann für uns auf einfache Weise inmitten der Natur entstehen, wenn wir uns in einem bestimmten Moment von der Welt berührt und mit allem verbunden fühlen. Genauso kann dies aber auch im Inneren eines Hauses geschehen. Jeder Stein, auf dem wir uns niederlassen, um der Landschaft um uns herum gewahr zu werden, und jede Lichtung an jedem Ort kann zu einem heiligen Raum werden, ebenso wie jedes Zimmer, in dem wir uns befinden. Der heilige Raum, von dem dieses Buch erzählen möchte, ist kein Tempel, keine Kirche, kein bestimmtes Gebäude, sondern eher ein Feld der seelischen Öffnung und der Achtsamkeit, das eine Verbindung zu allen Welten, die uns umgeben, erzeugt. Eine Verbindung mit allen Wesen und allem, was ist, kann überall wahrgenommen werden, weil sie überall existiert. In den Momenten, in denen wir diese Verbindung spüren, sind wir innerlich ganz geborgen und verwoben mit dem gesamten Kosmos. Wir fühlen uns ganz und heil – wir fühlen uns zugehörig. Die Öffnung des heiligen Raumes lässt uns erkennen und spüren, dass wir in allen Welten willkommen sind. Ein heiliger Raum kann durch stilles Innehalten und Achtsamkeit, durch Gesten, Worte oder Klänge entstehen – und durch so vieles mehr. All dies zu beschreiben, würde den Rahmen dieses Büchleins sprengen. Auf den folgenden Seiten befassen wir uns mit dem speziellen Aspekt der Öffnung des heiligen Raumes innerhalb der schamanischen Heil- und Ritualarbeit.

Jede Zeremonie, jedes Ritual, jede Einzelsitzung, jede schamanische Reise – eben jeder Aspekt innerhalb der schamanischen Arbeit – beginnt mit der Öffnung des heiligen Raumes. Sie ist so vielfältig wie die Menschen, die diese Arbeit ausführen. Sie beinhaltet jedoch meist eine Anrufung an die sechs Richtungen

(Mutter Erde, Vater Himmel und die vier Himmelsrichtungen), ein Sammeln und Verwurzeln in sich selbst sowie ein Sich-Anfüllen mit der Kraft der Verbundenheit und des Großen Spirits, des Großen Geistes oder des Großen Geheimnisses. Das Ritual der Öffnung des heiligen Raumes entspringt dem tiefen Wunsch, Seite an Seite mit dem Großen Spirit zu agieren, so, als ob uns dieser leibhaftig unter seine Flügel oder an die Hand genommen hätte, uns trüge und mehr noch – uns führte.

Wenn Sie dieses Büchlein lesen, so begeben Sie sich vermutlich gerade auf den schamanischen Weg. Vielleicht gehen Sie diesen aber auch schon eine Zeit lang voller Freude und haben sich einfach von dem Titel angesprochen gefühlt. Wir hoffen für Sie alle, dass Sie inspirierende Erfahrungen auf Ihren Reisen und bei den folgenden Übungen machen werden!

• • • •

Mögen wir alle unseren Platz in dieser Welt
finden, unseren Zugang in andere Welten
entdecken und ihn zum Wohle aller
Welten und Geschöpfe nutzen.

Mögen unsere Herzen frei sein und wir diese
Freiheit wie einen Zauber auf allen Wegen
verbreiten, auf denen wir gehen.

Und mögen diese Wege uns stets zurückführen in
die Geborgenheit unserer Ganzheit.

• • • •

Jennie Appel und Dirk Grosser, Dezember 2013

Die Anderswelt: Unterstützung aus der Geistigen Welt

••••

Der Schamane erweitert seine Wahrnehmung,
sieht und handelt in der Anderswelt –
und kehrt mit Botschaften der
Veränderung zurück.

Er verbindet die Welten
und erfährt sie als EINS.

••••

Das Interesse an alternativen Heilmethoden, ganzheitlicher (medizinischer) Begleitung und alten (indigenen) Traditionen wächst. So gibt es bereits zahlreiche Veröffentlichungen zum Thema Schamanismus, und es werden immer mehr. Der Begriff »Schamane« und die Herkunft dieses Wortes wurden umfangreich diskutiert, und doch ergibt sich nur eine eindeutige Übereinstimmung. Es handelt sich demnach ursprünglich um ein tungusisches Wort (schaman), das so viel bedeutet wie »außer sich sein« oder auch »verzückt sein«. Daneben spricht man weiterhin über eine

Abstammung aus dem Sanskrit (von sramana = der religiöse Praktiker der Askese). Beobachtet und erlebt man einen Schamanen beim Krafttier-Tanz oder einem stundenlangen Trance-Tanz, so werden diese Ekstase und das »Außer-sich-Sein« sichtbar und fühlbar.

Der Begriff »Schamanismus« taucht häufig im Zusammenhang mit Naturreligionen auf, wenngleich der Schamanismus keine Religion darstellt, sondern vielmehr eine Lebensweise und eine auf eigener Erfahrung beruhende Weltanschauung, die den Alltag durchtränkt. Der Ethnologe Mihály Hoppál definierte: »Der Schamanismus ist ein kognitives Universum, das höchstens von außen betrachtet wie eine Glaubensvorstellung wirkt, von innen gesehen aber eine tiefe Überzeugung darstellt, denn sie (die Stammesmitglieder) wissen, und sie haben die (heilende) Kraft des Schamanen oft erfahren.«* Diese tiefe Überzeugung lässt sich vor allem in dem Satz »Alles ist mit allem verbunden« zusammenfassen, wobei diese Verbundenheit auch die Existenz der Anderswelt, die neben unserer Welt besteht, mit einschließt – und in der Wesenheiten wie z. B. Krafttiere existieren. Ein weiterer gängiger Begriff ist »Nichtalltägliche Wirklichkeit«, der besonders durch Carlos Castaneda bekannt wurde. Alles, was wir mit unseren Augen im Alltagsbewusstsein sehen können, alles, was hör-, greif-

---

* Mihály Hoppál: Das Buch der Schamanen, Ullstein Verlag, Berlin 2002.

und mit allen anderen Sinnen erfahrbar ist, bildet unsere Wirklichkeit. Hinter oder neben dieser Wirklichkeit gibt es jedoch einen nicht-alltäglichen Aspekt der Welt und all ihrer Geschöpfe bzw. Dinge, der üblicherweise unsichtbar bleibt – es sei denn, wir wenden uns diesem Aspekt mit einem erweiterten Bewusstsein zu.

Die Anderswelt wird häufig in Form des Weltenbaumes dargestellt. Die Baumkrone bildet hierbei die Obere Welt, die Wurzeln sind die Untere Welt, und der Stamm ist die Mittlere Welt, welche als eine Parallelwelt zu unserer bekannten Welt verstanden wird. Die Obere und die Untere Welt sind nicht etwa mit Himmel und Hölle zu verwechseln, sondern befinden sich völlig wertungsfrei einfach oben und unten. Die Obere Welt wird häufig über die Baumkrone (oder eine andere Anhöhe), in die Lüfte aufsteigend, vorbei an den Sternen und Planeten und bis weit darüber hinaus erreicht. Der Weg in die Untere Welt führt über das Wurzelwerk des Weltenbaumes (oder einen Brunnen, Tunnel oder andere Erdeingänge), weit hinab, durch die Erde hindurch, bis sich diese Erde öffnet und den Eingang zu einer dort verborgenen Welt freigibt.

Der Schamane fungiert seit jeher als Mittler zwischen den Welten und ist als solcher dazu in der Lage, seinen Bewusstseinszustand mithilfe monotoner Rhythmen (Trommel,

Rassel) oder Trance-Tanz so zu ändern, dass er mit einem Teil seiner Seele in diese Anderswelt reisen kann, während ein Restbewusstsein im Körper verbleibt. »Schamanisches Reisen« ist sowohl eine Methode als auch ein Begriff für die Veränderung des Bewusstseins. Im Unterschied zu geführten Meditationen verselbstständigen sich hier jedoch die Bilder und Handlungen. Der schamanisch Reisende ist aktiv und (re-)agiert, wenn er sich in der Anderswelt befindet. In diesem Sinne ist er, wie Mircea Eliade schreibt, »ein Meister der Ekstase«[*] (Ekstase = aus sich heraustreten).

Alle Völker kennen Rituale, die in ein erweitertes Bewusstsein führen, um den Zugang zur Anderswelt sowie eine Interaktion mit dieser zu erleichtern. Wir können dort mitfühlende und wohlwollende Geister (im Weiteren »Spirits« genannt, um wirklich alle Wesenheiten in einem Oberbegriff vereint zu haben) treffen, die uns Antworten auf unsere Fragen, Rat und Hilfestellungen geben können und uns bei der Heilarbeit (dies meint stets die Anregung der Selbstheilungskräfte) unterstützen. Ein einfaches Prinzip besagt: Was in der Anderswelt an Veränderungen geschieht, wirkt sich auf diese Welt aus.

Ein Schamane glaubt tatsächlich nur an das, was für ihn erfahrbar ist. Der Kontakt und die Interaktion mit den Spi-

---

[*] Mircea Eliade: Schamanismus und archaische Ekstasetechnik, Suhrkamp Verlag, Frankfurt a. M. 1975.

rits und der Anderswelt werden als real erlebt und haben mindestens den gleichen Stellenwert wie enge Freundschaften oder geschätzte Lehrer in unserem Alltagsleben. Der Kontakt mit der Anderswelt verbindet uns jedoch auch auf tiefe Weise mit unserer Welt. Wir begegnen Energien, die uns wohlgesonnen sind, und fühlen uns in deren Gegenwart geborgen und beschützt. Unsere Seele kann aufatmen, sich frei bewegen und entfalten und ist dabei niemals allein. Die Reisen in die Anderswelt und die Zeit, die wir in einem solch tief verbundenen Seelenzustand erleben dürfen, lassen uns nicht nur neue Energie auftanken und Gefühle der Freiheit und Geborgenheit erleben, sondern wirken sich bei unserer Rückkehr auch direkt auf unser Leben in dieser Welt aus: Manche unserer Beziehungen vertiefen sich, manche gehen vielleicht ganz auseinander, neue Begegnungen finden statt, Gespräche werden intensiver. Die feinen Energien der Welt verbinden uns immer inniger mit dem Weltennetz der großen Mutter Spinne, die uns der Synchronizitäten um uns herum gewahr werden lässt, unser Inneres wie unser Äußeres auf ihr symmetrisches Gewebe der Welt einschwingt und darin zu einem ebenso glänzenden Teil werden lässt, wie die schimmernden Tautropfen im sanften Licht der Morgensonne. Wann immer Sie Ihren heiligen Raum öffnen, verbinden Sie sich mit dem großen Netz, das die Welt zusammenhält. Sie verbinden sich mit Ihrem Wesenskern, Ihrer spirituellen (Auf-)

Gabe, Ihrer leuchtenden Seele und all jenem, was unsere Welt mit einem feinen Zauber bestäuben kann, der selbst den tristesten Alltag verwandelt. So wird die »Entzauberung der Welt«, die unser wissenschaftlich orientiertes Zeitalter herbeigeführt hat, zum Teil rückgängig gemacht, und die Magie, die unser aller Kinderaugen zum Leuchten brachte, darf nun wieder erblühen.

Schamanen sind seit jeher nicht »nur« Heiler, sondern Seelsorger, Psychologen, Berater, Mediziner, Seher, Pflanzenkundige, Therapeuten, Krieger, Priester, Orakel, Künstler, Sänger, Geschichtenerzähler und Schauspieler zugleich für ihren Stamm. Heute liegt der Fokus oft allein auf dem Gebiet des Heilens. Die ursprünglichen Aufgaben waren jedoch deutlich vielfältigerer Natur. Vielleicht liegen sie heute im Kleinen schon darin, unseren Kindern zu ermöglichen, mit diesen Welten verbunden zu bleiben, den Kontakt nicht verdrängen und sich anpassen zu müssen, weil all dies angeblich nicht zur modernen Welt passt? Oder darin, den Mut zu haben, von Stimmen zu sprechen, die nur man selbst hört, oder von Wesen zu berichten, die eine so innige persönliche Beziehung zu uns pflegen, dass nur wir sie wahrnehmen können bzw. sie sich nur uns zeigen?

Schamanen wachsen in einer schamanischen Kultur auf und werden von der Gemeinschaft zum Schamanen ernannt, die ihr Tun voll anerkennt, wertschätzt und diesem vertraut. Menschen in unserer westlichen Kultur, die von den Schamanen der Naturvölker oder heutigen schamanischen Schulen lernen, nennt man aus Respekt vor den Stammeskulturen »schamanisch Praktizierende«. Doch hier ist vielleicht nicht jeder, der mit leuchtenden Augen von einem schamanischen Basiskurs nach Hause zurückgekehrt ist und seine Aufgeregtheit, seine Freude und Verzücktheit, seine Erlebnisse in der Anderswelt und vielleicht auch daraus gewonnene Erkenntnisse mitteilen wollte, auf ein wertschätzendes und offenes Umfeld getroffen. Und so mancher einer musste vielleicht auch feststellen, wie schwer es ist, diese zauberhafte Energie im Kreise der Familie, Freunde oder gar Arbeitskollegen zu erhalten. In diesen Zeiten ist es also häufig auch die Aufgabe des Schamanen, Menschen zu ermutigen, ihren Erfahrungen wieder zu vertrauen, statt diese anzuzweifeln, zu zerdenken oder zu zerreden, und ihnen dabei zu helfen, die Momente mutig zu überstehen, in denen sie vielleicht von Einzelnen verlacht werden, wenn sie sich und ihre Seele nach außen hin öffnen und sich somit verletzbar zeigen mit all dem neu gewonnenen und vielleicht noch zarten Wissen und Erleben. Der Vorteil der indigenen Stammeskultur, die das schamanische Wirken geschlossen anerkennt, liegt klar auf der Hand. Verständlicherweise wünschen sich so manche Seminarteilnehmer in solche Kulturen oder Lebensweisen hinein, und einige brechen all ihre Zelte ab, um für Jahre oder wenigstens Monate bei Naturvölkern zu leben und zu lernen. Das Erlernen vieler schamanischer Praktiken ist relativ einfach – jeder Mensch trägt das Potenzial in sich, so, wie z. B. auch jeder Mensch ein Musikinstrument lernen kann. Es geht in unserer Kultur eher um eine bewusste Entscheidung, wohingegen die Schamanen aus indigenen Völkern sich nicht selbst entscheiden, sondern von der Anderswelt berufen (was oft mit einer schwerwiegenden Krankheit einhergeht) oder aufgrund der verwandtschaftlichen Beziehungen initiiert werden. Viele Ethnologen berichten, dass sie keinen Berufenen trafen, der sich über seine Berufung gefreut hätte. Denn dies bedeutete schließlich zusätzlich zu den »normalen« Herausforderungen einer meist körperlich schweren Arbeit und der Familienversorgung eine weitere vielschichtige Aufgabe, der man sich voll hingeben musste.

Auch in unserer westlichen modernen Welt ist es häufig so, dass schamanisch Praktizierende einen Hauptberuf ausüben, mit dem sie ihren Lebensunterhalt verdienen, und nebenberuflich voller Freude und Hingabe der schamanischen Arbeit nachgehen – sei es mit Freunden und der Familie oder auch mit zahlenden Klienten. Auch hier entstehen manchmal Schwierigkeiten, denn von einem fordernden Job im Großraumbüro oder einem gefühlte Ewigkeiten andauernden Meeting aus kann man nicht »mal eben so« in die Anderswelt hinübergleiten. Und auch direkt nach einem herausfordernden Gespräch mit dem Partner wird solch ein Weltenwechsel eher unsanft vonstattengehen – wenn er denn überhaupt gelingt. Der Alltag unserer oder der einer indigenen Kultur birgt jeweils seine eigenen Herausforderungen. Wollen Sie sich nun dennoch zu den helfenden Spirits und heilsamen Orten der Anderswelt hinwenden, dort Hinweise und Antworten auf wichtige Fragen finden, so ist die Erschaffung eines heiligen Raumes von unschätzbarem Wert. Inmitten der lauten Welt bietet er ein Feld der Öffnung und der Stille, in dem Sie sich in aller Ruhe zentrieren können. Dieses Feld hüllt Sie ein und verschafft Ihnen und Ihrer Seele Raum – ganz gleich, was Sie im Alltag gerade noch bewältigen mussten, ganz gleich, um was es soeben noch ging. Während Sie sich immer mehr zentrieren und in Ihrer Mitte anlangen, öffnen Sie einen heiligen Raum, der Heilwerden ermöglicht und Sie in Ihrem Wirken trägt und schützt. In diesem heiligen Raum dürfen Sie ganz und heil sein. Hier dürfen Sie sich sicher fühlen. Diese Sicherheit und diese Geborgenheit erleichtern die erforderliche Hingabe an die Spirits und das Empfangen ihrer an Sie gerichteten Botschaften und Aufgaben ungemein. Zugleich ist dieses Ritual für Sie wie ein Schalter, ein klares Zeichen, dass Sie das Alltägliche nun hinter sich lassen und etwas ganz anderes beginnt.

(Natürlich spielt wie bei allem auch hier der Zeitpunkt eine Rolle. Sie werden fokussierter auf Reisen gehen können, wenn Sie nicht zum Beispiel gerade aus dem Kinderzimmer kommen, in dem Sie die lieben Kleinen soeben schlafen gelegt haben, die jedoch noch halb wach einer Geschichte auf CD lauschen …)

Auch wenn wir Sie mit diesem Buch ermutigen wollen, Ihr ureigenes Ritual zu erschaffen und Ihren ganz persönlichen Anrufungstext zu finden, sei an dieser Stelle eines gleich vorweggesagt: Es spricht absolut nichts dagegen, hierzu einen vorgegebenen Text zu nutzen, den man von seinen Lehrern erhalten oder in einem Buch gelesen und auswendig gelernt hat. Zum Beispiel erfreut sich das Gebet zur Schaffung eines heiligen Raumes, welches von Dr. Alberto Villoldo publiziert und in seinen Kursen gelehrt wird, großer Beliebtheit und einer weiten Verbreitung. Im Rahmen einer schamanischen Ausbildung vermittelt es auch häufig ein starkes Gefühl von Sicherheit, Angekommensein und Zugehörigkeit, wenn alle das gleiche Gebet verwenden, dieses womöglich seit Jahren zum gleichen Zwecke angewendet wurde und dadurch ein morphogenetisches Feld gebildet hat, in das man sich einklinken und in dem man sicher und begleitet wirken kann. Viele eignen sich in einem solchen Rahmen ihre Herangehensweise an, lernen diese lieben und schätzen und arbeiten lebenslang damit, ohne jemals den Drang zu haben, etwas daran ändern zu wollen. Das ist völlig in Ordnung, denn das Ritual wirkt und wird von demjenigen geliebt. Doch Dr. Villoldo selbst und viele andere schamanische Lehrer ermutigen ihre Schüler, im Laufe der Zeit einen eigenen Text zu kreieren, ein eigenes Ritual zu finden und damit einen persönlichen Zugang zur Anderswelt zu erschaffen. Denn so geht der Übergang von unserer Welt in die Anderswelt leichter vonstatten, und man entwickelt einen noch stärkeren Bezug zur schamanischen Arbeit mit all ihren helfenden Spirits.

ÜBUNG 1: DIE VERBINDUNG STÄRKEN

Setzen oder legen Sie sich ganz bequem hin. Entspannen Sie Ihren Körper, und schließen Sie die Augen. Beobachten Sie nun eine Weile Ihren Atem – lassen Sie ihn einfach kommen und gehen. Wenn Gedanken oder Emotionen auftauchen, lassen Sie sie wie Wolken am Himmel einfach vorbeiziehen.

Nehmen Sie nun die Erde unter sich wahr. Fühlen Sie, wie Sie von ihr getragen werden, spüren Sie die Kraft, die der Erde innewohnt. Machen Sie sich bewusst, wie die Erde von unzähligen Wurzeln durchdrungen ist und sie alles nährt.

Nehmen Sie nun den Himmel über sich wahr. Spüren Sie, wie er sich über Ihnen und allen Wesen ausbreitet. Machen Sie sich seine Weite und seine Klarheit bewusst. Werden Sie gewahr, wie der Himmel allem, was ist, Raum bietet.

Wenden Sie sich nun den Wesen zu, die mit Ihnen gemeinsam diese erstaunliche Welt bevölkern. Machen Sie sich Ihre Brüder und Schwestern bewusst, diejenigen mit Fell, diejenigen mit Schuppen, diejenigen, die in den Meeren leben, die auf dem Land leben und die, die sich in die Lüfte erheben können. Spüren Sie auch die Vielzahl von Menschen, die Sie umgeben. Nehmen Sie das Leben in all seinen Formen wahr. Wenden Sie sich zum Ende der Übung den Wesen zu, die Sie nicht mit Ihrem

Alltagsbewusstsein wahrnehmen können: den Geistwesen der Anderswelt. Spüren Sie, wie neben der Ihnen bekannten Welt eine weitere Welt voller Leben existiert, die nur darauf wartet, von Ihnen erforscht zu werden.

Spüren Sie, wie von Ihrem Körper aus nahezu unsichtbare Fäden zu allen anderen Wesen in dieser und in der Anderswelt reichen. Atmen Sie, und nehmen Sie wahr, wie diese Fäden mit jedem Atemzug vibrieren. Genießen Sie dieses Gefühl der Verbundenheit, solange es sich gut für Sie anfühlt. Wenn Sie so weit sind, öffnen Sie langsam Ihre Augen.

Zu Gast in der Anderswelt: Respekt und Achtsamkeit

••••

Unser Krafttier lehrt uns, zu fliegen
und die Welt in großer Klarheit zu betrachten.
Es lehrt uns, die tiefsten Tiefen zu erforschen
und unter Wasser zu atmen.

Wir dürfen mit ihm
über grüne Ebenen galoppieren
oder durch dichte Wälder streifen.

Auf unendlich viele Weisen führt es uns
zu uns selbst.
Wie können wir ihm nur je danken?

••••

Eine Reise in die Anderswelt dient der Findung von Unterstützung, Rat, heilenden Impulsen, verlorenen Seelenanteilen oder vielleicht auch einem Besuch bei unserem Krafttier, um die Beziehung zueinander zu vertiefen. Wir kommen in diese Welt also als Suchende, Fragende oder Besucher. Genauso wenig, wie man in das Haus eines anderen Menschen einfach so hineinplatzt (egal, wie nahestehend einem dieser auch sein mag), wissen es auch die Spirits zu schätzen, wenn wir uns respektvoll verhalten. Es ist viel mehr als nur ein Gebot der Höflichkeit, wenn wir freundlich anklopfen und jenen Achtung entgegenbringen, die bereit sind, uns zu unterstützen, zu begleiten und uns auf unserem Weg hilfreich zur Seite zu stehen. Das bringt auch die tiefe Dankbarkeit zum Ausdruck, die uns so sehr erfüllt und mit der wir oftmals staunend, mit Empfindungen, für die uns die Worte fehlen, zurückkommen.

Wir können ganz leise anklopfen, indem wir Rauchzeichen geben, die wir sanft in die verschiedenen Richtungen pusten oder fächern, in welche wir reisen möchten oder deren Kräfte wir bitten, uns beizustehen. Wir können gesegnetes Wasser versprühen, ein Lied anstimmen, unsere Musik erklingen lassen – auf dass sie sich mit der Musik der Anderswelt vereine. Wir können auch Nahrung, Blumen oder andere Gaben für die Spirits oder unsere Ahnen bereitstellen, sowie eine einladende, gastliche Atmosphäre erschaffen. Erst vor Kurzem kam ich (Jennie) in einen Raum, den eine meiner Seminarteilnehmerinnen freundlicherweise für mich vorbereitet hatte. Sie hatte in dessen Mitte ein Tuch ausgebreitet und darauf Früchte, Samen, Steine, die ihr sehr viel bedeuteten, Blumen, Räucherwerk und Kerzen angeordnet. Ich blieb unwillkürlich im Türrahmen stehen, weil der Raum so voller Spirit und wohlgesonnener Wesen war, dass die Heiligkeit des Moments wahrhaft spürbar war. Sicher kennen Sie dieses Gefühl, wenn man kaum zu atmen oder sich zu bewegen wagt, weil man die Stille, den Zauber oder die Heiligkeit eines Ortes nicht stören möchte. Ohne dies als »Öffnung des heiligen Raumes« zu bezeichnen oder zu empfinden, hatte diese Frau jedoch genau das getan. Ich fragte sie, warum sie gerade diese Dinge in der Mitte des Raumes platziert hatte. Sie sagte, dass sie es uns allen besonders schön machen wollte, damit wir uns wohlfühlten, und dass sie sich gefragt hatte, was wohl die Spirits mögen würden, wodurch sie sich eingeladen fühlen könnten und welche Gegenstände ihr selbst sehr am Herzen lagen und für sie mit ihrem bisherigen Lebensweg und insbesondere dem schamanischen Lernen und Wirken zu tun hatten. Dann lachte sie und verriet mir ganz leise, dass sie manche Steine auch beinahe nicht hingelegt hätte – wenn diese sie nicht irgendwie »angeschaut« hätten und sie ganz klar gespürt hätte, dass sie auch »dabei sein wollten«.

Mit einer klaren Intention, einem liebenden, offenen Herzen und einem freundlichen Wesen, das sich nicht beirren lässt, kann man seinen ganz persönlichen heiligen Raum erschaffen und darin unter den Flügeln des Großen Spirits geborgen sein. Jeder Mensch kann schamanisch Sehen lernen, und jeder Mensch kann auf diese oder auf viele andere Weisen einen solchen heiligen Raum erschaffen, der uns atemlos staunen lässt und in dem wir Menschen genauso gern verweilen, wie die helfenden Geister aus anderen Welten. Sicher kennen Sie diese Momente genau, in denen ein Ritual oder eine Zeremonie für beendet erklärt wird und keiner aus dem Kreis hinaustreten oder den Raum verlassen möchte.

Was wir in diesen heiligen Raum hineingeben, wird vielfach in uns und in der Welt, in der wir leben, widerhallen.

Eine persönliche Beziehung: Wen und was möchte ich um Rat fragen?

••••
Tief in uns liegt eine Wahrheit verborgen,
die uns den Weg weisen kann.
Die Anderswelt lehrt deshalb vor allem eins:
Vertrauen.
••••

In unserer materiellen Welt achten wir im Alltagsleben meistens darauf, was zu uns passt, was unserem Wesen entspricht, uns nährt, unsere Vorzüge unterstreicht, mit unserem Leben harmoniert.

Somit kaufen wir vielleicht nicht unbedingt dann einen sportlichen Zweisitzer, wenn gerade das dritte Kind unterwegs ist und auch der Hund einmal mit in den Urlaub kommen soll, und achten auch bei der Suche nach unserem Wohnort auf unseren Umständen entsprechende Kriterien. Oder würden Sie weit hinaus aufs Land ziehen, wenn Sie sich mittags öfters mit Freunden in einem Café treffen, abends die Lichter einer Skyline vom Wohnzimmerfenster aus betrachten oder bis in die frühen Morgenstunden durch die Clubs der Stadt ziehen wollen? Dies sind nur einige kleine Beispiele für Kriterien, die im Alltag eine Rolle spielen, die sich aber beliebig ergänzen lassen. Wir wägen unsere Entscheidungen ab, einmal ganz ausführlich durchdacht und einmal innerhalb Sekundenbruchteilen aus dem Bauch heraus. Auch bei Freundschaften, Partnerschaften und Beziehungen suchen wir Menschen, die zu uns passen, die uns ergänzen und vor allem, zu denen wir uns hingezogen fühlen.

Die Zusammenarbeit mit den Spirits und persönlichen Helfern in der Anderswelt lässt sich durchaus mit einer tiefen Freundschaftsbeziehung vergleichen – doch läuft es hier beinahe umgekehrt, denn die Spirits suchen sich uns aus. Die Spirits der anderen Welt sind um vieles weiser als wir und wissen exakt, wer oder was zu uns passt. Wenn wir den großen Schritt wagen, uns ganz auf sie einzulassen und uns ihrer immensen Weisheit anzuvertrauen, so werden sie uns mit einer innigen Zusammenarbeit und dem Gefühl tiefer Zugehörigkeit beschenken. Wir werden uns nicht länger fragen müssen, was uns nah ist, womit wir uns verbunden fühlen und welches Wesen an unserer Seite ist, weil wir es spüren und um unsere Zugehörigkeit wissen.

Es wird keine Zweifel mehr geben. Es wird auch kein Sich-Verstellen mehr geben – denn wir werden es schätzen und vielleicht sogar lieben, derjenige zu sein, der wir sind.

Dieser Zustand ist so erfüllend und lohnenswert, dass wir Ihnen empfehlen, sich auf diese inneren Reisen zu bege-

ben. Sie werden Ihnen Schritt für Schritt aufzeigen, aus welchen Bildern, Klängen, Elementen, Farben, Archetypen oder was es auch sein mag Ihr ganz persönliches Ritual und Ihre ganz eigene Anrufung der Kräfte bestehen. Dadurch werden Sie in Ihrem Sein bestärkt und können Ihren persönlichen Spirit voll entfalten.

Die Himmelsrichtungen und die Elemente

••••

Von Erde, Wasser, Feuer und Luft umgeben,
befinden wir uns jeden Tag
in einem inniglichen Austausch
mit den Elementen unserer Welt.
Ohne sie und ihre Berührung
wären wir nicht.

••••

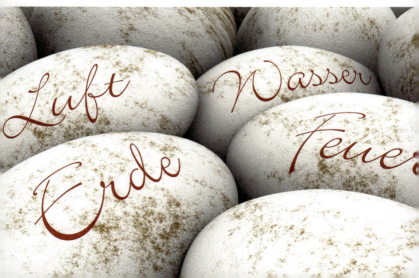

Die Himmelsrichtungen wie auch die Elemente haben bei allen Naturvölkern eine wichtige Bedeutung inne. In allen Ritualen finden sich Gesten, Anrufungen und »Stellvertreter« (wie z. B. Steine für jede Himmelsrichtung bei einem Medizinrad oder Schalen mit Wasser, Erde, Räucherwerk und einer Kerze für die Elemente) wieder, die die Wertschätzung gegenüber der jeweiligen Himmelsrichtung oder dem Element zum Ausdruck bringen. Je nach Kultur und Mythologie werden den Richtungen Eigenschaften, Kräfte, Farben, besondere Wesen, Archetypen und mehr zugeordnet, die sich teilweise sogar widersprechen würden, wenn man alle Zuordnungen nebeneinander aufführen würde. In unserer westlichen Welt verstehen wir unter den Elementen im Wesentlichen Feuer, Erde, Wasser und Luft, teilweise kommt Äther (auch »Spirit« genannt) hinzu. Im asiatischen Raum geht man von den fünf Elementen Holz, Feuer, Erde, Wasser und Metall aus. Hier spiegelt sich stets das Weltbild wider, mit welchem die Menschen des jeweiligen Stammes oder ganzen Landes aufgewachsen sind. Teilweise betrifft dies auch einfach geologische Besonderheiten wie Berge, bestimmte Lichtungen, Quellen und so weiter oder auch die Jahreskreisfeste, deren Daten sich auf der Nordhalbkugel und Südhalbkugel voneinander unterscheiden.

Wenn wir nun nicht einfach etwas von einer anderen Kultur übernehmen wollen, in der wir nicht aufgewachsen sind – ganz gleich, wie vertraut und wunderbar es sich auch anfühlen mag –, so kommen wir nicht umhin, uns selbst auf die spirituelle Suche zu begeben und die Richtungen für uns zu erkunden. Möglicherweise finden wir ganz Ähnliches dort vor, was uns auch in dieser Welt anzieht und immer wieder eine Sehnsucht oder ein Rufen in unserem

Inneren ausgelöst hat; oder wir finden etwas völlig anderes und ganz Überraschendes. Es liegt an uns, ob wir uns auf dieses spirituelle Wagnis einlassen.

In manchen Kulturen sind der Osten und der dortige Aufgang der Sonne ein wichtiger Ankerpunkt, und so beginnen die Anrufungen traditionell in diese Richtung. Andere Kulturen messen dem Westen die größte Kraft zu, da für sie

dort das Land der Ahnen und Verstorbenen liegt, aus dem die Spirits uns besuchen und in das wir eines Tages zurück nach Hause reisen.

Alle Sichtweisen und Traditionen haben gleichermaßen ihre Berechtigung und werden von Mythen, Entstehungsgeschichten der Erde und anderen Sagen der jeweiligen Kultur gestützt und getragen – daher »funktionieren« sie dort. Sie berühren in dem Menschen, der seine Anrufung in die Welt trägt, während des lauten Aussprechens etwas in seinem tiefsten Inneren und lassen ihn spüren, dass er Teil einer größeren Geschichte ist und immer wieder, egal, wo auf Erden er sich befindet, Teil dieser Geschichte werden kann. Diese Geschichte erzählt von einer Welt bzw. einem Weltbild, das seit vielen Generationen weitergegeben wurde und nun von eben jenem Menschen weitergegeben wird.

Wir alle werden dennoch in unserem Herzen selbst nachspüren, ob es in uns einen tiefen Nachklang gibt, ob die Worte, Feste, Bräuche uns berühren oder nicht. Dabei spielt es letztendlich keine Rolle, ob wir auf einen solchen Schatz der Generationen zurückgreifen können oder unsere Traditionen leider verloren gingen. Es zählt einzig und allein, ob diese Traditionen in uns lebendig sind und Teile des Liedes sein können, das unsere Seele singen möchte. Um Ihr Leben in Einklang mit Ihrer Seele zu leben, sich darauf auszurichten und gegebenenfalls auch vieles zu verändern, bedarf es nur eines Menschen: Ihrer selbst.

Das Anliegen dieses Buches ist also vielmehr, dass Sie Ihren ganz persönlichen Zugang finden mögen, der Ihnen unvergleichlich viel Kraft und Geborgenheit schenken wird. Ganz so, wie eine Heimat einem Menschen eine spezielle Kraft schenkt, die kein anderer Platz auf Erden ihm in dieser Weise schenken kann, kann jeder seinen ureigenen heiligen Raum finden bzw. erschaffen und als seine geistige Heimat annehmen. Sein schützendes Zuhause.

Wo liegt Ihr schützendes Zuhause – materiell wie spirituell?
Welche Werte, Traditionen, Bräuche, Märchen und Sagen sind Ihnen nah und wichtig?
Welches Lied möchte Ihre Seele singen?

Die Geister

•••

In diesem Netz des Lebens gibt es nichts,
mit dem wir nicht verbunden wären.
Jedes Geschöpf ist uns viel näher, als wir denken.

•••

Als Geister oder Spirits bezeichnen wir alle Wesen der Anderswelt – seien es nun Engel, Krafttiere, Elfen, Feen, Gnome, Sylphen, Nymphen, Zwerge, Leprechauns, Riesen, Kobolde, Einhörner, Pflanzendevas, Ahnen, spirituelle Lehrer, Aufgestiegene Meister oder andere. Wenn die Schleier zwischen den Welten dünn genug sind, so können sich die Welten auf eine Weise überschneiden, die uns in unserer Alltagswelt spirituelle Hilfe oder auch wundervolle, magische Momente bescheren kann. Die Momente, in denen sich die Welten so nah sind, können sich durchaus so anfühlen, als stünde das Krafttier leibhaftig neben der Couch oder als ginge man mit Zwergen spazieren – und solche Momente können als Teil der Alltagswirklichkeit erlebt werden. Dennoch ist es eine Bewusstseinserweiterung, die eine Art Brücke zwischen der anderen Welt und der unsrigen bildet und uns somit die Wahrnehmung dieser andersweltlichen Besucher erst ermöglicht. Sie können Ihr Bewusstsein selbstverständlich auf viele verschiedene Arten erweitern und die traditionelle schamanische Form außer Acht lassen, sie ist nicht die allgemeingültige oder gar einzige Form – doch sie ist jene, über die wir hier schreiben können, da wir uns darin beheimatet fühlen. Schamanen sind Wanderer zwischen den Welten, und sie sprechen mit allen Wesen und allen Dingen. Sie haben die Fähigkeit, immer leichtere Übergänge zu erschaffen, immer leichtere Zugänge zu finden und dadurch ganz natürlich mit allem zu kommunizieren. Dennoch hat es zu allen Zeiten eine klare Trennung zwischen der materiellen Welt, in der sie leben, und jener, in der sie spirituelle Hilfe, Heilweisen oder Botschaften von helfenden Geistwesen erhalten, gegeben – sie wussten in jedem Moment, wo sie sich befanden, was es ihnen ermöglichte, auch ihr alltägliches Leben tatkräftig zu leben.

Gerade im Gespräch mit Kindern lässt sich beobachten, dass sie beim Wort »Geister« große Augen machen oder vielleicht sogar unwillkürlich zusammenzucken, weil sie Geister mit Gespenstern assoziieren. Die Geister, von denen hier die Rede ist, sind jedoch keine herumspukenden Wesen, vor denen es uns gruseln sollte, sondern helfende Spirits, die einfach keinen materiellen Körper besitzen und daher »Geistwesen« oder »Geister« genannt werden.

Die Krafttiere

••••
Von der Seele eines Tieres berührt zu werden,
ist eines der kraftvollsten Geschenke,
die die Welt uns machen kann.
••••

Erinnern Sie sich noch an die Zeit, in der Sie Seite an Seite mit Ihrem Löwen durch die Wohnung geschlichen sind? In der Sie keinen Schritt aus dem Haus machten, ohne Ihren Bären mit sich zu nehmen? Die Zeit, in der Sie Ihre Eltern verständnislos anblicken, wenn diese nicht erkannten, dass auf der Rückbank im Auto kein Platz mehr für Ihren Känguru-Freund war – den sie, viel schlimmer noch, nicht einmal sehen konnten?! Das Konzept der Phase der sogenannten »imaginären Freunde«, oftmals in Tiergestalt, hat mittlerweile Einzug in so manchen Erziehungsratgeber gehalten. Dies ist an sich auch nichts Schlechtes oder Negatives. Doch wenn Sie einmal für ein krankes Kind eine schamanische Reise unternehmen und von dieser mit der Botschaft eines großen, braunen Bären zurückkehren und das Kind fragen, ob Sie ihm sagen dürfen, welches Tier Sie ihm mitgebracht haben und was es ihm zu sagen habe –

und dieses Kind Ihnen dann freudestrahlend und fast ein wenig empört sagt: »Ich weiß doch, dass der große Bär hier ist, der kuschelt doch die ganze Zeit hier neben mir auf dem Kissen!« – spätestens dann beginnen sich vielleicht erste Zweifel in Ihnen an dem Zutreffen des Wortes »imaginär« zu regen. Nur weil etwas nicht für jeden einzelnen Menschen sichtbar ist, muss es nicht gleich imaginär oder unmöglich sein.

»Krafttier« ist die Bezeichnung für einen persönlichen Seelenbegleiter in Tiergestalt. Ihr persönliches Krafttier begleitet Sie seit dem Moment Ihrer Geburt, es kann jedoch im Laufe Ihres Lebens auch wechseln. Sie können Ihrem Krafttier auf unterschiedliche Arten begegnen, u. a. durch eine schamanische Reise zur Krafttiersuche, durch sein Auftauchen in Ihren Träumen oder in schamanischen Einzelsitzungen. Kleine Kinder erklären häufig von sich aus (einfach, weil sie es sehen), welches Tier bei ihnen ist und ihnen Kraft gibt. Dieses Krafttier, oftmals auch »Lebenskrafttier« genannt, hat ähnliche Aufgaben wie ein Schutzengel. Darüber hinaus ist es in seinem Wesenskern mit uns »verwandt«, d. h., der jeweilige Mensch kann in einem gewissen Rahmen Verhaltensweisen dieses Tieres zeigen oder ausleben. Das Krafttier ist also nicht zufällig bei uns, sondern seine charakteristischen Merkmale und Kräfte, die uns durch eine Verbindung zu diesem Tier zur Verfügung stehen, sind für uns und unseren Lebensweg nahezu maßgeschneidert.

In bestimmten Phasen unseres Lebens kann ein weiteres Krafttier hinzukommen, welches als eine Art Helfertier fungiert und durch seine individuellen Eigenschaften und Kräfte passende Unterstützung für die jeweilige herausfordernde Situation bietet. Hat sich die Lebenssituation geändert oder wurde die schwierige Phase gemeistert, so kann es sein, dass das Tier verschwindet, sich verwandelt oder anstelle dieses Helfers ein neuer erscheint.

Auf schamanische Reisen sollte man sich stets mit seinem Krafttier und/oder dem andersweltlichen Lehrer begeben, um sich einerseits sicher und beschützt zu fühlen und andererseits eine Führung zu erhalten, der man sich während der gesamten Reise vertrauensvoll hingeben kann. So nimmt das Krafttier bei der schamanischen Arbeit häufig eine zentrale Rolle ein, weswegen wir uns diesem wunderbaren Helfer auch hier etwas ausführlicher widmen wollen. Wenn Sie die Beziehung mit Ihrem Krafttier vertiefen und es gleich zu Beginn eines jeden schamanischen Wirkens, während der Öffnung des heiligen Raumes, einladen, Ihnen zur Seite zu stehen – um wie viel kraftvoller wird Ihr Wirken sein?! Sie werden tief in Ihre Ganzheit eintauchen und Ihrer Seele einen authentischen und vollständigen Ausdruck verleihen, der für sich genommen schon Ihr gesamtes Tun segnen wird.

Noch etwas ist uns sehr wichtig: In manchen Kursen, ob als Teilnehmer oder als Seminarleiter, kann man ein Bewerten der Krafttiere beobachten. Manche Tiere (mit denen vor allem die Arbeit der Schamanen der nordamerikanischen Ureinwohner verbunden wird) tauchen in gewissen Kontexten sehr häufig auf und werden ebenfalls recht häufig

bewertet. So werden Krafttiere wie z. B. Adler, Bär und Wolf als besonders »schamanisch« betrachtet, während sich Menschen mit eher »normalen«, kleinen Tieren dann nahezu minderwertig vorkommen. Warum nur ist das so? Auch das kleinste, unscheinbarste Tier hält eine Kraft und Botschaft für uns bereit. So, wie jeder einzelne Mensch etwas Besonderes ist, so ist es auch jedes Krafttier.

Es gibt Insekten, die das Hundertfache ihres Körpergewichtes tragen können und die dazu noch in hoch entwickelten Gemeinschaftsgefügen leben. Ein Maulwurf ist klein und fast blind – hat aber auch einen unglaublichen Sinn für Raum und Zeit, schont seine Kräfte in perfekter Work-Life-Balance, macht die Erde zu fruchtbarem Boden (Umgang mit Materiellem = steht für einen guten Geschäftssinn) und ist uns ein gutes Vorbild für Mut und Tatkraft. Eine Gans ist oft unbeliebt, weil viele Menschen damit eine »dumme Gans« assoziieren – doch sie steht für einen sehr ausgeprägten Gemeinschaftssinn, hilft, »falsche Freunde« oder ungesunde Bindungen innerhalb der Familie oder des Freundes- und Bekanntenkreises zu erkennen, leistet hingebungsvoll ihren Beitrag zur Gemeinschaft und ist ganz und gar treu. »Falsche Schlangen« bringen u. a. vitale Lebensenergie und Transformation, indem sie uns lehren, unsere Haut/die Vergangenheit abzustreifen und neu zu beginnen. Manche Tiere sind also durch Aberglauben oder

Volksmund negativ behaftet, andere durch unser ureigenes Empfinden oder unser Weltbild. Dieses Weltbild lässt sich durch eine authentische Krafttiersuche mit offenem Geist und der Bereitschaft, alles anzunehmen, was sich zeigen mag, erweitern. Nicht nur der Adler, der Bär und der Wolf sind schamanischen Praktiken oder Schamanentätigkeit zugeordnet, sondern u. a. auch das kleine, neugierige Erdmännchen, welches ein hoch entwickelter Netzwerker ist und zudem stark sein Bewusstsein verändern und uns dadurch luzides Träumen, schamanische Trance und das Geheimnis des »Sterbens ohne Tod« lehren kann. Es wäre doch zu schade, wenn uns durch Voreingenommenheit diese wichtigen Kräfte nicht zuteilwerden würden, oder?!

Jedes Tier hat ganz spezielle Begabungen, Neigungen, Verhaltensweisen und leistet mit seinem puren Sein einen unschätzbaren Beitrag zum Gesamtgefüge NATUR. Stirbt ein Tier aus, so entsteht ein Ungleichgewicht im Ökosystem. Manches lernt man erst dann zu schätzen, wenn es nicht mehr da ist.

Wenn wir in der Anderswelt unserem Krafttier begegnen – vielleicht mitten im Wald einem Grizzly gegenüberstehen oder am Strand mit einer Möwe sprechen –, könnten wir ihm ganz einfach folgende Fragen stellen:

Warum bist du mein Krafttier?
Was hast du mir zu sagen?
Was kann ich von dir lernen?
Was kann ich FÜR DICH tun?

Wann immer Sie auf einer schamanischen Reise sind und sich Ihnen ein Bild zeigt, das sich Ihnen vielleicht nicht gleich erschließt, zögern Sie nicht zu fragen. Sollte das Tier selbst Ihnen nicht antworten, so können Sie auch fragen: »Wer kann mir die Antwort geben?«

Bleiben Sie stets offen, und stellen Sie Ihre Fragen während der Reise, gleich vor Ort – statt hinterher den Verstand und das Ego werkeln zu lassen.

••••
Ein toter Löwe ist nicht so viel wert wie eine lebendige Mücke.
Voltaire (franz. Philosoph)
••••

Selbst nach jahrelanger Praxistätigkeit und unzähligen Krafttierbegegnungen kann wohl kaum ein Mensch die Bedeutungen aller Tiere in allen Einzelheiten sofort wiedergeben. Und selbst wenn: Nichts ist allgemeingültig, denn jedes Detail einer schamanischen Reise ist Teil der Antwort

für den Reisenden. Letztendlich ist nichts wichtiger als die individuelle Botschaft des Tieres an den Suchenden selbst (oder den schamanisch Praktizierenden als Überbringer). Sobald Sie wissen, welches Ihr Krafttier ist, setzen Sie sich so intensiv wie möglich mit diesem Tier auseinander. Je näher Sie ihm sind und je intensiver Sie sich mit ihm beschäftigen, desto besser. Es ist wie in jeder anderen Freundschaft auch: Je mehr Sie investieren, desto stärker wird das Band zwischen Ihnen und Ihrem Krafttier.

Wenn Sie also nicht bewerten, sondern wahren Kontakt herstellen und sich auf die größere Weisheit außerhalb Ihrer selbst einlassen, so entsteht eine lebendige Beziehung zwischen Ihnen und Ihrem Krafttier, und Sie können seine Kräfte in Ihr Leben integrieren und damit wahrhaft zum Ausdruck bringen. Bei der Suche sollten Sie stets authentisch bleiben und keine Wunschbilder herbeisehnen, sondern sich erlauben oder sich trauen, das zu sehen, was ist. Es wird ganz sicher genau das Tier sein, das Sie in Ihrer derzeitigen Lebenssituation bestmöglich unterstützt – auch, wenn es nicht immer das eigene Lieblingstier ist.
In diesem Sinne wünschen wir allen Reisenden viele Begegnungen mit lebendigen Mücken!

ÜBUNG 2: DEN ARCHETYPEN UND BILDERN DER EIGENEN KULTUR BEGEGNEN

Nehmen Sie sich ein wenig Zeit, und sinnieren Sie über die Wesen nach, die Ihnen noch aus Ihrer Kindheit vertraut sind. Erinnern Sie sich an die Geschichten, die man Ihnen vorlas oder die man Ihnen erzählte. Versuchen Sie, die traditionelle Bedeutung mit Ihren eigenen Gefühlen zu vergleichen, und entdecken Sie diese Wesen neu. Vielleicht können Sie diese Entdeckungen für sich aufschreiben und sie durch weiteres Lesen von Märchen oder Sagen noch mehr vertiefen. Vielleicht können Sie sich auch anschauen, welchen Einfluss die traditionellen Bedeutungen auf unsere Kultur hatten, und überlegen, welche Auswirkungen Ihre neuen Bedeutungen hätten.

Wesen	Traditionelle Bedeutung	Meine Bedeutung
Wolf	wild, geheimnisvoll, edel, aber auch böse, gefräßig, hinterhältig	scheu, ausgeprägter Gemeinschaftssinn, kraftvoll, würdevoll
Drache	gefährlich, auf seinen Schatz fixiert, Wissen anhäufend, uralt	weises Wesen der Erde und der Lüfte
Zwerg	hilft den Gutherzigen, gierig, gräbt nach Gold	helfend, gutmütig

| Bär | ruhig, kraftvoll | gelassen durch seine große Kraft |
| Fee | verzaubernd, hilfreich, wohlgesonnen, drei Wünsche | ätherisch, hilfreich, wohlmeinend, Kraft der Natur |

Kommen Sie in Kontakt mit Ihrer Kultur, mit der Betrachtungsweise der Natur und des vermeintlich Übernatürlichen, die um Sie herum herrscht. Versuchen Sie zu entdecken, wie Sie in diese Kultur passen, was Sie bejahen und was Sie anders sehen.

Die letzte Übung dient dazu, uns wieder mit unserer Kultur vertraut zu machen oder auch ihre Grenzen zu erkennen und uns mit einem größeren Bild der Welt zu verbinden. Grundsätzlich möchten wir auf Folgendes hinweisen: Für manche Menschen ist es absolut passend, sich in ihrer Anrufung mit Jaguar, Kolibri und Anakonda zu verbinden, weil sie im südamerikanischen Schamanismus ihre Heimat gefunden haben. Für andere wird es sich jedoch so lange seltsam fremd anfühlen, bis sie ihre eigene Anrufung formuliert haben, in der sie sich mit den Wesen verbinden und um deren Hilfe bitten, die ihnen aufgrund ihrer Ursprungskultur seelisch näher sind. Oft ist es einfach so, dass uns die heimische Tierwelt (und ebenso die ursprüngliche Vorstellung unserer Vorfahren von den Wesen der Geistigen Welt) mehr berührt und uns den Zugang zur Anderswelt erleichtert.

Öffnung des heiligen Raumes – Öffnung des eigenen Herzens

•••••

*Wenn wir ganz wir selbst sind,
können wir wie ein Baum sein:
unsere Wurzeln tief in die Erde hineinragend
und unsere Äste der Weite des Himmels
entgegenstreckend.*

•••••

Der heilige Raum ist eine heilende Sphäre, die rein, geweiht und sicher ist. Wir können den heiligen Raum überall erschaffen und die heilende Kraft der Natur überall auf der Erde herbeirufen – sowohl draußen im Freien, in Verbundenheit mit den Elementen, als auch in jedem Haus und jedem Zimmer. Für viele Menschen scheint das schwierig, da sie die Welt für keinen sicheren Ort halten und nicht einmal das Göttliche als gütig und mitfühlend erleben, sondern es aufgrund ihrer Erziehung eher als strafend empfinden. Ein Großteil des Leids in der Welt entsteht durch fehlende Verbindungen und Berührungen unter den Menschen, einem Leben in Trennung und ohne Zugehörigkeit.

Innerhalb des heiligen Raumes jedoch ist jeder geschützt, kann sich so geborgen fühlen und sich der Berührung und Verbindung hingeben.

Wenn wir den heiligen Raum öffnen, dann lassen wir das geschäftige Treiben des Alltags mit all seinen Terminen hinter uns und bereiten uns darauf vor, mit dem Göttlichen, dem Nicht-Alltäglichen in Kontakt zu treten. Der heilige Raum ermöglicht es uns, eine stille, innere Welt zu betreten, in der Verbindung zugelassen wird und in der Heilung stattfinden kann. In diesem Raum werden Hingabe und wahre Begegnung erlebt. Eine Hingabe ohne angezogene Handbremse oder Sicherheitsnetz. Wir öffnen unser Herz und unser ganzes Sein und lassen zu, was immer sich auch zeigen oder geschehen mag, ohne dies intellektuell zu interpretieren oder zu zerreden. Das Ritual zur Öffnung des heiligen Raumes ermöglicht eine tiefe Berührung durch die Hand des Spirits und letztlich durch alles, was uns umgibt. Innerhalb des heiligen Raumes wird das, was uns belastet, leichter, und wir können zu unserer Mitte ebenso wie zu unserer Strahlkraft zurückfinden. Der heilige Raum verschafft uns auch Zugang zu all denen, die uns vorangegangen sind – den Medizinmännern, den Heilerinnen, den Schamanen und Seherinnen – und den Krafttieren, Engeln oder anderen Wesenheiten, die uns von der Welt des Spirits aus unterstützen. Und darunter insbesondere den Zugang zu unseren persönlichen Helfern, Führern und Begleitern in der Anderswelt.

Es gibt zwei kraftvolle Möglichkeiten, um einen heiligen Raum zu erschaffen: zum einen durch die Anrufung der sechs Richtungen, womit wir uns in diesem Büchlein ausführlich beschäftigen, und zum anderen durch das Ausdehnen des achten Chakras. Die erste Variante erschafft den heiligen Raum der Ökosphäre* (Sphäre der Lebewesen und ihrer Umwelt); die zweite erschafft den heiligen Raum der Noosphäre (Sphäre des menschlichen Geistes). Diesen heiligen Räumen ist das Grundprinzip des schamanischen Weltbildes, dass alles, was existiert, lebt und alles Leben miteinander verbunden ist, gemein. Indem wir uns mit allem um uns herum in friedvoller Absicht verbinden und in eine Beziehung mit dem Großen Geheimnis treten, sind wir in der Lage, uns eine dynamische und sich entfaltende Welt vorzustellen und diese auch zu manifestieren.

Die Anrufung (Der heilige Raum in der Ökosphäre)

Um in den Raum zu gelangen, in dem alles eins ist, überschreitet Ihre Aufmerksamkeit die Grenzen Ihres eigenen Selbst, damit Sie die ganze Schöpfung einladen, willkommen heißen und wahrnehmen können.

---

* Der Begriff »Ökosphäre« beschreibt die Gesamtheit eines Lebensbereiches, also die Lebewesen mitsamt ihrer Umwelt.

Das Öffnen dieses heiligen Raumes ist im Wesentlichen eine Anrufung, um die Kräfte und Spirits der vier Himmelsrichtungen – Süden, Westen, Norden und Osten – und Mutter Erde und Vater Himmel (mancherorts auch Vater Sonne) zu rufen.

Und genau hier beginnen bereits die individuellen Gestaltungsmöglichkeiten, denn es ist von Tradition zu Tradition sehr unterschiedlich, mit welcher Richtung begonnen wird und entstammt dem jeweiligen kulturellen Kontext des einzelnen Stammes oder Landes.

Schamanische Traditionen, die ihre Wurzeln im südamerikanischen Raum haben, verwenden bei ihren Anrufungen natürlich Worte, die einen Bezug zu ihrem Lebensbereich, ihrer Umwelt, haben. Ihre Öffnung des heiligen Raumes kann dann zum Beispiel wie folgt klingen:

Geheimnis des Südens,
große Anakonda der Sümpfe,
lehre uns, Altes und nicht mehr Benötigtes abzustreifen.
Lehre uns, geschmeidig durch das Wasser unseres Lebens zu gleiten,
lehre uns, in Schönheit zu ruhen.

Mysterium der westlichen Wälder,
großer Jaguar, Otorongo,
lehre uns, leichtfüßig unseren Weg durch den Dschungel zu finden.
Lehre uns zu leben, lehre uns zu sterben,
lehre uns, in Schönheit über die Welt zu wandeln.

Fliegende Weisheit des Nordens,
bunt schimmernder Kolibri,
lehre uns, die Schönheit in den kleinen Dingen zu erkennen.
Lehre uns, auf das Unsichtbare zu achten,
flieg mit unserem Geist zu unseren Ahnen,
und lehre uns alles, was sie gesehen haben.

Wahrheit des Ostens,
großer Kondor,
lehre uns, dem Flüstern des Windes zu lauschen
und unser Herz für das Licht der Sonne zu öffnen.
Lehre uns, sowohl am Boden
als auch in großer Höhe ganz wir selbst zu sein.

Mutter Erde,
trage uns, und führe uns.
Lass uns unseren Weg achtsam gehen,
und lehre uns Liebe zu all unseren Verwandten,
ganz gleich, ob Tier, Mensch, Pflanze oder Stein.
Lehre uns, ein Teil von allem zu sein.

Vater Himmel,
wache über uns, beschütze uns.
Lass uns das Licht der Sonne, des Mondes und der Sterne erblicken.
Lass unsere Herzen ganz werden.
Lehre uns, ein Kind der Welt zu sein.

Diese Anrufung beginnt damit, dass man sich nach Süden ausrichtet, anschließend mit dem Lauf der Sonne in die anderen drei Himmelsrichtungen. Oftmals wird dazu auch in alle Richtungen geräuchert oder duftendes Wasser versprüht bzw. gespuckt*, bevor der entsprechende Vers der Anrufung gesprochen wird. Die Archetypen sind hierbei mehr als nur Symbole. Sie sind ganz ursprüngliche Energien oder Spirits, die bestimmte Qualitäten und Kräfte besitzen. So werden hier die Schlange im Süden, der Jaguar im Westen, der Kolibri im Norden und der Kondor im Osten angerufen. Wenn Mutter Erde gerufen wird, so berührt man den Boden, auf dem man gerade steht; wenn Vater Himmel angerufen wird, streckt man sich in Richtung des Himmels.

Nach jeder Heil- oder Ritualarbeit sollte der heilige Raum auch wieder geschlossen werden. Hierzu kann der Ablauf wiederholt werden, indem man alle Richtungen erneut anruft, sich für die Unterstützung bedankt und die Energien wieder freigibt, um sie dorthin zurückkehren zu lassen, wohin es sie zieht.

Halten Sie an dieser Stelle vielleicht für einen Moment inne, und spüren Sie in sich selbst nach:

---

* Schamanen in Südamerika benutzen häufig verschiedene Duftwässer (z. B. Agua de Florida, Agua de Ruda etc.), die sie bei Zeremonien in den Raum spucken, um diesen zu reinigen. Auch die eigene Aura wird mit dem Wasser gereinigt.

Bedeuten Ihnen diese Tiere (Schlange, Jaguar, Kolibri, Kondor) etwas?
Welche Bedeutung haben sie, und welche besonderen Qualitäten verbinden Sie mit ihnen?
Was von diesem Gebet berührt Sie im Herzen?
Sind Sie diesen Tieren schon einmal in der freien Wildbahn begegnet?

Bitte wenden Sie sich nun mit der gleichen Intensität der folgenden Anrufung zu:

An die Kräfte des Nordens,
großer Hirsch,
mögest du mir den Weg durch die Wälder weisen,
damit ich meinen Ahnen begegnen kann, und mich stets dorthin bringen,
wo ich meine Antworten zu finden vermag.

An die Kräfte des Ostens,
großer Falke,
segne mein Herz mit der Reinheit der Luft, und hilf mir,
mich über alle jetzt vorhandenen Wirrungen zu erheben,
um einen klaren Blick zu erlangen,
der mich verstehen, spüren und zum Wohle aller handeln lässt.

An die Kräfte des Westens,
großer Lachs,
hilf mir mit deiner Weisheit durch alle Stromschnellen des Lebens
und mit heilsamen Impulsen durch Zeiten des Dahinplätscherns,
und hilf mir, stets meinen Weg nach Hause zu finden,
wo immer ich auch bin.

An die Kräfte des Südens,
großer Wolf,
hilf mir, Teil einer Welt zu sein, in der alle einander achten und schützen
und wir gemeinsam in Schönheit wandeln,
hilf mir, jetzt mit allem zu kommunizieren,
was mich umgibt.

Mutter Erde, ich liebe dich!
Hilf mir, das Gesetz des Energieflusses zu leben –
hilf mir zu geben, damit ich empfangen kann,
hilf mir, aus mir selbst heraus zu gestalten und Fülle einzuladen.

Vater Himmel, Großmutter Mond, an alle Sterne,
lehrt mich, den Blick auf die unermessliche Größe des Universums
zu richten und zu erkennen, dass ich unter diesem Dach geborgen
auch meine Größe leben darf.

Ich lade euch alle ein in meinen Raum, an mein Feuer,
und bitte euch, mit mir zu sprechen, zu lachen und zu träumen.
Danke.

Was sprechen diese Tiere in Ihrem Herzen an? Und haben sie eine andere Bedeutung als die vorherigen?

Vielleicht beginnt sich bereits, während Sie darüber nachsinnen, Ihr schöpferischer Geist bemerkbar zu machen. Möglicherweise spüren Sie sofort ein Hingezogensein zu anderen Tieren, oder Sie verbinden ganz andere Qualitäten mit den einzelnen Himmelsrichtungen. Vielleicht spüren Sie im Norden ganz klar Wellen, das Salz der See und die Kraft der Wale und im Osten die wilde Freiheit der Pferde, die Sie trägt, und im Westen den Blick eines Bären, der auf Ihnen ruht.
Können Sie diese Stimme in Ihrem Inneren wahrnehmen? Halten Sie ruhig inne, und schreiben Sie alles auf, was Ihnen gerade begegnet, in Ihrem Kopf an Gedanken herumfliegt oder sich vor Ihren Augen in all seiner Schönheit ausbreitet.

Zusätzlich empfehlen wir Ihnen die folgende meditative Übung, um mit Ihren eigenen Bildern in Kontakt zu kommen.

ÜBUNG 3: MEINE BILDER FINDEN

Nehmen Sie sich etwas Zeit, und suchen Sie sich einen Ort, an dem Sie ungestört sind. Dieser kann sowohl drinnen als auch draußen in der Natur sein. Legen Sie Schreibzeug bereit, und setzen Sie sich dann bequem hin mit dem Blick nach Osten, in Richtung Sonnenaufgang. Schließen Sie Ihre Augen, und atmen Sie dreimal tief ein und aus. Atmen Sie dann ganz normal und entspannt weiter, lassen Sie den Atem einfach fließen, und stellen Sie sich vor, wie Sie mitten im Wald auf einer Lichtung sitzen. Das Gras unter Ihnen ist weich und duftend – und rings um Sie steht ein dichter Kreis von Bäumen.
Beobachten Sie einfach weiter Ihren Atem, und warten Sie geduldig ab.

Sehen Sie jetzt, wie das Unterholz sich teilt und ein Tier aus dem Wald auf die Lichtung tritt. Was für ein Tier ist es? Wie sieht es aus? Schauen Sie genau hin, beobachten Sie sein Verhalten, lauschen Sie. Vielleicht spricht das Tier mit Ihnen, vielleicht zeigt es Ihnen etwas. Vertrauen Sie! Vertrauen Sie sich, Ihrer eigenen Intuition und der Anderswelt. Auch wenn Sie meinen, sich nur etwas einzubilden, hat es doch einen Grund, dass sie sich gerade DAS einbilden ...

Versuchen Sie, sich ganz auf die Begegnung einzulassen, beobachten Sie und nehmen Sie an, was immer sich Ihnen gerade

zeigen mag. Bedanken Sie sich bei dem Tier, verabschieden Sie es, und öffnen Sie dann langsam die Augen.
Nehmen Sie Ihr Schreibzeug zur Hand, und notieren Sie alles, was Ihnen begegnet ist. Jede Einzelheit ist wichtig.

Drehen Sie sich dann in Richtung Süden, schließen Sie die Augen, und beginnen Sie von vorn. Nachdem Sie auch diese Erfahrung aufgeschrieben haben, wenden Sie sich nach Westen und im letzten Durchgang dann nach Norden.

Halten Sie danach noch einen Moment lang inne, berühren Sie die Erde mit Ihren Händen, und strecken Sie dann die Hände nach oben zum Himmel. Vielleicht bekommen Sie auch hier noch eine Botschaft oder ein inneres Bild gezeigt.

Schreiben Sie alles auf, und beschäftigen Sie sich einige Tage lang immer wieder einmal mit den Bildern und den Tieren, die Ihnen begegnet sind. Vielleicht lesen Sie etwas über die Tiere und ihre Eigenschaften (ein gutes Krafttierbuch bietet sich hier an), und versuchen Sie, Ihre eigene Beziehung zu dem Tier zu hinterfragen: Was vermittelte Ihnen das Tier durch seine Art zu leben, durch seine Art der Jagd oder des Vorrätesammelns, durch seine Art der Bewegung? Notieren Sie alles, denn alle Informationen können für die Formulierung Ihrer eigenen Anrufung von Bedeutung sein.

Natürlich können Sie auch sechs einzelne schamanische Reisen machen, um Ihre Beziehung zur jeweiligen Richtung, ihrer Kräfte und ihrer tierischen Repräsentanten zu vertiefen.

Dafür sollten Sie vor jeder Reise dreimal tief ein- und ausatmen und mit jedem dieser Atemzüge eine deutliche Intention setzen. Fassen Sie Ihre Absicht zum Beispiel in die Worte: »Ich bitte darum, die Kräfte des Westens kennenzulernen.«

Durch diese Klarheit direkt zu Beginn werden die helfenden Spirits sofort Ihr Anliegen verstehen und Ihnen zur Seite stehen, sodass die Reise klare Hinweise und Erkenntnisse bringen wird.

Wenn es Ihnen Freude bereitet, Ihre Bilder zu finden und immer mehr Erkenntnisse über sich selbst und die Sie umgebenden Spirits zu erlangen, so können Sie selbstverständlich auch jedes Element auf diese Weise bereisen – möglicherweise hat sich das jeweilige Element aber auch schon in den Himmelsrichtungen gezeigt. Nehmen Sie sich alle Zeit und Muße, die Sie brauchen, denn die Bilder, die Sie gezeigt bekommen, werden zu den Eckpfeilern Ihres schamanischen Zuhauses, das Sie Ihr ganzes Leben lang wärmen und behüten wird.

Die Ausdehnung des achten Chakras (Der heilige Raum der Noosphäre)

Um einen heiligen Raum zu schaffen, verwenden manche schamanischen Kulturen das Licht des achten Chakras, welches sich außerhalb des physischen Körpers, aber innerhalb des Lichtenergiefeldes, der Aura, befindet. Das achte Chakra steht traditionell für unser höchstes menschliches Potenzial. Bei der Ausdehnung dieses Chakras geht es darum, sich umfassend bewusst zu machen, wie wir zur Ausschöpfung dieses Potenzials beitragen können. Die Kraft des heiligen Raums nimmt häufig zu, wenn wir dieses Licht ausdehnen und in ihm verweilen. Hierbei wird der Teil in uns angesprochen, der immer eins mit dem Göttlichen ist – selbst, wenn wir dies vergessen haben sollten.

Die Ausdehnung des achten Chakras kann sowohl allein als Einleitung für eine schamanische Sitzung dienen als auch der Anrufung vorausgehen oder auf diese folgen. Probieren Sie aus, was für Sie stimmig ist.

ÜBUNG 4: DIE LICHTKUGEL AUSDEHNEN

Stellen Sie sich Ihr achtes Chakra als eine kleine, strahlende Sonne vor, die sich ca. 20 cm über Ihrem Kopf befindet.
Legen Sie Ihre Hände in Gebetshaltung vor Ihrem Brustkorb zusammen. Strecken Sie Ihre Arme dann langsam, die Hände noch immer in Gebetshaltung, nach oben, bis sich die Hände über Ihrem Kopf befinden. Spüren Sie, wie Ihre Fingerspitzen in die Lichtkugel des achten Chakras eintauchen. Spüren Sie, wie sich diese drehende Sonne öffnet.
Drehen Sie nun innerhalb dieser Lichtkugel Ihre Handrücken zueinander, führen Sie Ihre ausgestreckten Arme zu beiden Seiten nach unten. Dabei breiten Sie die Energie der Lichtkugel um Ihren Körper herum aus. Bewegen Sie Ihre Arme ganz langsam, so, wie ein Pfau sein Rad schlägt, und dehnen Sie damit den Umfang dieser schimmernden Kugel so weit aus, bis diese Sie ganz umschließt.

Diese Kugel können Sie auch noch weiter ausdehnen, um sich mit einem Klienten für eine schamanische Sitzung zu verbinden und diesen zugleich wie mit einer warmen Decke aus Licht zu umschließen. Wenn der heilige Raum solcherart um einen Menschen herum ausgedehnt wird, dann erlaubt das ihm, ganz geborgen in Stille gehalten zu sein, es beruhigt bei aufwühlenden Themen und schützt zugleich vor dem Lärmen der Welt und ihren Einflüssen.

Es ist immer sehr wichtig, den heiligen Raum zu schließen, wenn die gemeinsame Sitzung beendet ist. Bringen Sie die Energie der leuchtenden Hülle nun von unten nach oben – wie ein Pfau, der sein Rad wieder zusammenfaltet – zurück zu Ihrem achten Chakra über Ihrem Kopf.
Führen Sie Ihre Hände abschließend wieder in Gebetshaltung vor Ihre Brust.

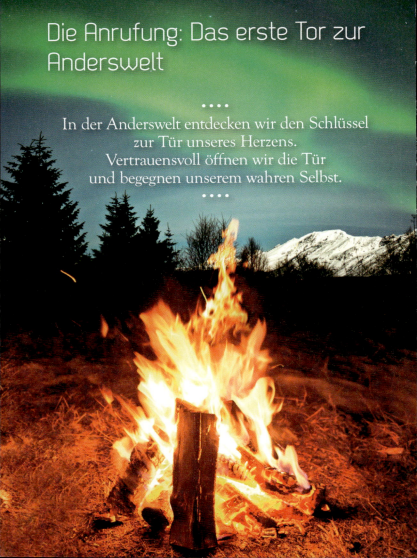

Die Anrufung: Das erste Tor zur Anderswelt

In der Anderswelt entdecken wir den Schlüssel
zur Tür unseres Herzens.
Vertrauensvoll öffnen wir die Tür
und begegnen unserem wahren Selbst.

Wenn wir die Kräfte und Spirits der sechs Richtungen anrufen, so klopfen wir sinnbildlich an ihre Tür, stellen uns (und ggf. die anwesenden Teilnehmer oder den Klienten) vor, erklären gegen Ende der Anrufung vielleicht gar unser Anliegen und erbitten Beistand und Unterstützung. Je nachdem, welches unserer »Werkzeuge« am meisten zu uns spricht, können z. B. bereits die ersten Töne unserer Rassel unserem Körper signalisieren, dass nun die schamanische Arbeit beginnt, sodass dieser die äußeren Augen schließt, um die völlige Öffnung der inneren Augen zu ermöglichen. Haben Sie den Hinweis erhalten, dass Ihr Körper selbst das beste »Werkzeug« darstellt und die Töne aus Ihnen herausströmen sollten, so kann ein direkt darauf folgendes mehrmaliges Pfeifen Ihrem Krafttier oder anderen helfenden Spirits und Kräften der Natur gelten und diese über die Brücke, die unsere Welten miteinander verbindet, herbeirufen – ein wenig so, als würden wir unseren viel zu weit von uns entfernt herumlaufenden Hund mit dem vertrauten Pfeifsignal wieder zu uns zurückrufen.

Für Schamanen vieler Kulturen öffnet sich in solchen Momenten nicht nur der heilige Raum, sondern dieser ist gleichsam das erste Tor zur Anderswelt und ermöglicht während des Öffnens bereits den Blick auf erste wichtige Hinweise – sei es in Bezug auf den Klienten und was dieser in seiner aktuellen Situation benötigt oder worum es bei seinem Anliegen geht, oder sei es in Bezug auf die anwesenden Spirits, die sogleich hilfreich zur Seite stehen, und deren Botschaften. Diese Botschaften können sowohl heilsame Impulse für einen Klienten bereithalten als auch auf ein Gruppenthema hinweisen, welches alle an diesem Ort zusammengekommen Seelen gerade miteinander teilen, oder andere wichtige Informationen für eine Zeremonie und deren für alle Wesen segensreichen Ablauf. Schamanen und schamanisch Praktizierende lesen die Zeichen im Außen und erhalten dabei Hinweise, die ihnen helfen, auf ihrem Weg zu bleiben oder andere dabei zu unterstützen, ihren Weg wiederzufinden und in eine heilsame Ganzheit einzutauchen. Die Anrufung und das mit ihr verbundene Ritual mögen für einen außenstehenden Beobachter stets recht ähnlich verlaufen – doch dem ist wirklich nur rein äußerlich so. Das, was der Schamane allein schon bei dieser vorbereitenden Arbeit sieht und erlebt, ist jedes Mal anders und zeigt wichtige Aspekte auf, die zuvor vielleicht sogar unausgesprochen oder unbewusst waren. Das innere Erleben geht dabei so viel tiefer, als das Auge es zu erkennen vermag. Durch die tiefe Vertrautheit mit den Bildern, den Archetypen und Spirits, fallen dem Schamanen sofort feinste Veränderungen und kleinste Risse in den Bildern auf und lassen ihn dadurch achtsam wahrnehmen, was im aktuellen Moment seiner vollen Aufmerksamkeit bedarf.

An dieser Stelle zeigt sich ganz deutlich, wie wichtig der eigene Zugang zur Anderswelt und ihren Bewohnern ist und wie sehr er Sie in Ihrem Wirken unterstützen kann. Wenn Sie sich auf diese innere Reise begeben und sich die Mühe machen, Ihren persönlichen Zugang zu all den für Sie wichtigen Energien, Archetypen, Spirits oder Elementen zu finden, so werden Sie mit einer von den Wesen der Anderswelt getragenen und sehr klaren schamanischen Arbeit belohnt werden. So klar, dass bereits die einzelnen kleinen Ritualschritte Zeichen für Sie bereithalten werden.

Es kann sein, dass es sich für Sie als wichtig herausstellt, in jede der Richtungen zu räuchern, bevor Sie sprechen oder singen, und diesen Rauch sehr achtsam wahrzunehmen. Vielleicht wird er Sie nach und nach, ähnlich wie das lebendige Wesen des Feuers es in jeder Feuerzeremonie zeigt, auf die Wichtigkeit hinweisen, die ein bestimmtes Element, eine Richtung oder ein Thema hat – und Sie werden sich darauf ohne jeden Zweifel verlassen können.
Oder Sie tönen, singen, rasseln in jede der Richtungen auf eine bestimmte Weise, die Ihnen gezeigt wurde, und erkennen im Laufe der Zeit sogleich die feinsten Veränderun-

gen in Ihrer Stimmlage. Ein erfahrener Schamane versteht die Botschaft, die im bloßen Zittern der Stimme liegt.

Nehmen wir einmal an, dass in Ihrer Anrufung die Ahnen dem Norden zugeordnet sind, und während der Worte, mit denen Sie den Norden ansprechen, erkennen Sie vielleicht einen oder mehrere Ahnen, die Sie zuvor noch nie gesehen haben. Diese geben sich ganz klar als Ahnen des Klienten zu erkennen, vielleicht sogar mit einem Gesichtsausdruck, der etwas Bestimmtes unmissverständlich deutlich macht, oder einer wichtigen Botschaft, die es im Verlauf der nachfolgenden Arbeit näher zu beleuchten gilt. Nehmen wir weiter an, dass sich Ihnen das Tor des Ostens als eine Höhlenöffnung hoch oben auf einem Berg darstellt, vor der üblicherweise während Ihrer Anrufungen ein alter, weiser Mann sitzt und in Stille meditiert. Doch bei eben jener beispielhaften Anrufung steht dieser alte Mann vor dem verschütteten Eingang jener Höhle und starrt vor sich hin. Für Sie werden dies zwei Begebenheiten sein, die ähnlich wirken wie ein Satz, der in einem Buch plötzlich komplett in Großbuchstaben geschrieben steht oder der mit gleich mehreren Ausrufezeichen abgeschlossen wird. Die Wirkung kann also sein, wachsam aufzumerken oder Ihnen mit jeder Botschaft sogar gleich die einzelnen Puzzleteile anreichen, die es nur noch zusammenzusetzen gilt. Eventuell wird etwas Ihnen aufzeigen, dass gerade nicht der richtige Zeitpunkt für eine Sitzung ist, oder etwas wird Ihnen vielleicht offenbaren, dass der Klient bei diesem Thema gar nicht wirklich bereit ist, Hilfe anzunehmen. Dies sind nur einige wenige Punkte, anhand derer erkennbar wird, wie vielfältig die Wege sein können, auf denen die Spirits mit uns kommunizieren.

Wenn wir mit jenen ureigenen, unsichtbaren Helfern kommunizieren, die sich nur uns zeigen, weil sie untrennbar mit uns selbst und unserer Arbeit verbunden sind, werden wir eine gemeinsame Sprache entwickeln, die uns immer vertrauter wird, bis schließlich eine einzelne Geste oder ein einzelner Blick mehr sagt als tausend Worte.
Je persönlicher bereits unsere Anrufung ausfällt, desto leichter werden wir überall auf der Erde und in jeder Situation unseren Zugang zu den Spirits in allen Welten finden und so eine immense Freiheit in unserem Wirken erleben können.

Was haben wir bislang auf schamanischen Reisen erfahren? Gab es für uns erste Hinweise darauf, was mit uns innig verbunden ist?
Welchen Bildern messen wir besondere Bedeutung bei, weil sie tief in uns etwas ansprechen? Und wie sieht für uns das Heilige aus?

ÜBUNG 5: MEINE ANRUFUNG FORMULIEREN

Wenn Sie nun Ihre eigenen Bilder gefunden und sie ein wenig erforscht haben, können Sie beginnen, Ihre Anrufung zu formulieren. Vielleicht hilft es Ihnen, Ihre Notizen in folgendes Schema einzufügen (die hier aufgeführten Einträge sollen lediglich als Beispiele dienen). Ordnen Sie die Tiere und deren für Sie bedeutsamen Eigenschaften den jeweilgen Himmelsrichtungen zu (für Erde und Himmel brauchen Sie nicht unbedingt Tiere einzutragen), und versuchen Sie, Ihre tiefsten Wünsche in Bezug auf diese Kombinationen auszudrücken.

Richtung	Tier/Geistwesen	Eigenschaft	Eigener Wunsch
Osten	Pferd	Freiheit	meinen eigenen Weg gehen
Süden	Bär	Ruhe, Kraft	Gelassenheit entwickeln
Westen	Lachs	Weisheit	mich selbst und die Welt verstehen
Norden	Wolf	Gemeinschaft	Verbundenheit spüren
Erde	--	fest, fruchtbar	getragen werden
Himmel	--	weit, scheinbar endlos, klar	Weite erfahren, behütet werden, Klarheit finden

Wenn Sie nun Ihre Anrufung formulieren möchten, können Sie zu Beginn jedes Abschnitts immer die Worte »An die Kräfte des …« verwenden und dann fortfahren, indem Sie sich an obigem Schema orientieren. Hier ein kurzes Beispiel:

An die Kräfte des Ostens,
großes Pferd der Steppen,
segne mich mit dem Zeichen deiner Freiheit,
und ermögliche es mir, meinen ganz eigenen Weg zu gehen.

∽

An die Kräfte des Südens,
großer Bär,
lehre mich Ruhe, und zeige mir meine Kraft,
sodass ich gelassen die Welt durchwandern kann.

∽

An die Kräfte des Westens,
großer Lachs,
gewähre mir deine Weisheit,
und hilf mir, mich selbst und die Welt zu verstehen.

∽

An die Kräfte des Nordens,
großer Wolf,
lehre mich den tiefen Sinn von Gemeinschaft, und hilf mir,
Verbundenheit mit meinen Brüdern und Schwestern zu erfahren.

∽

Mutter Erde,
segne mich, und trage mich.

∽

**Vater Himmel,
behüte mich, und lass mein Herz weit werden.
Danke.**

Natürlich können Sie auch weitere Eigenschaften der einzelnen Tiere einfügen und den Text entsprechend erweitern. Was hier aber schon deutlich wird, ist die persönliche Weise, wie Sie an den Text herangehen sollten, weil Sie sich so auch den Wesen der Anderswelt persönlich vorstellen. Sie teilen der Anderswelt mit, was genau Sie sich von dem Kontakt mit ihr erhoffen, und zeigen sich somit ganz unverstellt.

Dieses Unverstelltsein ist weit wichtiger als alle kunstvollen Formulierungen – es geht hier nicht darum, dass die Anrufung besonders schön klingt, sondern darum, dass sie authentisch ist und Ihre Seele voll zum Ausdruck bringt. Die Wesen der Anderswelt wissen das sehr wohl zu schätzen. Einem Menschen, der nur so tut als ob bzw. sich als jemand anderer darstellt, als er ist, gewähren sie selten ihre Hilfe.

So sollten Sie auch keine Scheu haben, den großen Marienkäfer anstatt des großen Wolfes anzurufen, auch wenn letzterer vielleicht beeindruckender klingen mag. Wichtig ist Ihr Zugang – das, was Sie mit der Himmelsrichtung assoziieren, das, was Ihr Herz mit der Anderswelt verbindet.

Die Bedeutung von Ritualen

••••

Ein Ritual richtet unseren Geist
auf das Heilige aus, das Unbenennbare,
das allem zugrunde liegt und alles durchdringt.

••••

Überall auf der Erde finden seit Menschengedenken Rituale statt. Je nach Herkunft, Gruppe, Glaube und Zweck unterscheiden sich diese sehr stark voneinander. Diese Unterschiedlichkeit zeichnet die kultischen Handlungen aus, hebt diese für eben jenen Kreis von Menschen, der sie praktiziert, aus dem Alltagsgeschehen heraus und verbindet sie mit dem umfassenden Großen Ganzen – dem einen Großen Geheimnis. Doch bei aller Verschiedenheit können wir häufig auch Gemeinsamkeiten feststellen, wenn wir an fremden Ritualen teilhaben dürfen. Wir erkennen dort vielleicht eigene Werte wieder, entdecken Ähnlichkeiten, wo wir sie nicht vermutet hätten, und spüren, dass tief in uns etwas angesprochen wird, was in unserem Kulturkreis entweder längst verdrängt wurde und vergessen ist oder ganz im Gegenteil noch sehr lebendig ist und uns auf überraschende Art und Weise in der Fremde mit der Heimat verbindet.

In allen Kulturen gibt es unterschiedlichste Rituale zu diversen Schwellenübergängen des Lebens, die leicht unterschieden werden können. Individuelle Rituale können sich nur auf eine Person beziehen (Geburt, Namensleite, Tod, Transitionsrituale für die Übergänge zwischen den Lebensaltern, Heilungsrituale, Visionssuche u.v.m.). Kollektive Rituale dagegen finden im sozialen Bereich statt und beinhalten Einweihungsfeste für Haus und Hof, Hochzeiten (Handfasting) und Familienzusammenschlüsse jeder Art. Rituale der Götter beinhalten u.a. die Gottesdienste im christlichen Kontext ebenso wie Rituale zur Verehrung jeweiliger Gottheiten oder die Hohen Feste bzw. Jahreskreisfeste der paganen Szene. Traditionelle Rituale beinhalten eine Fülle von überlieferten Glaubensvorstellungen und Brauchtum, wie wir es zum Beispiel bei der Fastnacht oder der Walpurgisnacht erleben können. Wir können davon ausgehen, dass es im Leben unserer Vorfahren für viele Anlässe passende traditionelle Rituale gab und natürlich auch entsprechend spezialisierte Personen, welche diese ausführten und vorab einen heiligen Raum für alle Anwesenden erschufen. Zudem gab und gibt es »handwerkliche« Rituale, die einen konkreten magischen Anlass haben (z.B.

Anfertigung und Einweihung magischer Gegenstände und Instrumente, traditioneller Trommelbau, Einweihungen aller Art). Für manche Rituale sind Ritualgegenstände existenziell wichtig, um die größtmögliche Kraft des Rituals zu entfalten (u. a. Bekleidung/Kostüme, Masken, spezielle Kräuter, Instrumente, der eigene Hausaltar, Kerzen, diverse Kraftgegenstände).

Ritualarbeit setzt in gewisser Weise voraus, dass in unserem Weltbild eine Welt des Magischen und Göttlichen, eine Anderswelt, ihren Platz neben der materiellen Welt innehat. Ein Zauber kann sich nur entfalten, wenn wir anerkennen, dass in unserer Welt viele Formen der Magie miteinander verwoben sind und viele Fäden dieses komplexen Gewebes in die Anderswelt hinüberreichen. Dadurch entsteht ein Austausch, der wiederum unsere Tage und Nächte beseelt und verzaubert.

Für unsere Vorfahren war es wichtig und selbstverständlich, dass man sich selbst und seine Handlungen mit den Kräften und Wesen der Anderswelt in Einklang brachte. So konnte die Fülle der Natur ganz selbstverständlich im eigenen Leben widerhallen. Auch heute wird oft das Augenmerk auf Synchronizitäten gelegt und sowohl im Inneren als auch im Äußeren reflektiert, was mit uns in Resonanz geht und warum dies so ist – was darunter liegt, was tiefer

geht. Dies ist auch der Weg für jeden Ritualleiter. Rituale verändern die Menschen, die sie ausführen ebenso wie die anwesenden Teilnehmer, und bringen Körper, Geist und Seele in einen Gleichklang mit dem Materiellen und dem Andersweltlichen. Zudem wirken sie in die Welt hinaus. Es ist wichtig, eine klare Absicht für das Ritual zu formulieren und eine Atmosphäre zu schaffen, in der man sich wohlfühlt und gleichsam konzentriert sein kann, sodass man Alltäglichem keine Aufmerksamkeit mehr schenken muss.

Man kann den Begriff »Ritual« ganz rational als eine formalisierte, gleichförmig wiederkehrende oder wiederholte Handlung definieren. Doch genau dieser Handlung kann ebenso der Charakter des Besonderen, vom Alltag Abgehobenen, innewohnen. Sie kann uns helfen, Körper, Geist und Seele und damit gleichsam das Materielle, das Magische und das Göttliche zu aktivieren, miteinander zu vereinen und in die gleiche Richtung zu lenken. Wenn wir nun ein Ritual finden oder erschaffen, das unserem Wesen voll entspricht und unserer Seele Ausdruck verleiht, wird es uns leichtfallen, auf diese Weise eine Zeremonie oder eine Sitzung zu beginnen – mehr noch: Diese Momente der Einheit werden uns beglücken. Wenn wir uns rituell für die innere Arbeit und das schamanische Wirken vorbereiten, so wird sich auch unser Bewusstsein in diesem rituellen Rahmen erweitern und damit zugleich das Reisen leichter werden lassen und ein klareres Empfangen von Botschaften ermöglichen. So erschaffen wir gleich zu Beginn, mit der Öffnung des heiligen Raumes, ein spürbares Feld, in welchem sich unser Geist öffnet und die Begegnung mit dem Heiligen möglich wird.

Ein Ritual bezieht seine Kraft u. a. aus der Tradition, mit der es verknüpft ist, aus seiner Einbindung in die Welt, aus steten Wiederholungen durch uns und andere Menschen (Erschaffung eines morphogenetischen Feldes), aus der Zeit, zu der es ausgeführt bzw. gefeiert wird, durch den Ort, an dem es stattfindet, und durch die Kräfte der Menschen, die es gemeinsam durchführen. Dieses spirituelle Feld öffnet sich für uns – unser Herz, unsere Seele und unser Anliegen –, sobald wir es mit unseren Handlungen, Worten oder Klängen (wieder-)erschaffen. Einerseits ist es schon immer da gewesen, seit unvorstellbar vielen Jahren, und andererseits ist es ein immer neues Feld, das durch unsere ureigene Herangehensweise eine neue Facette erhält und zutiefst persönlich gestaltet werden kann. Hier dürfen die Weisheit und die angesammelte Kraft aus vielen Jahrhunderten mit etwas Neugeborenem verschmelzen und im Hier und Jetzt die Herzen der Menschen berühren. Viele verschiedene Faktoren spielen hier zusammen, um inmitten der Welt eine zeitlose, unvergängliche Schönheit des Rituellen entstehen zu lassen. Natürlich geht es auch hierbei wieder ganz um Sie und Ihre Persönlichkeit, Ihre Geschichte.

Welche lieb gewonnenen Sätze, Lieder, Melodien oder Gegenstände lösen Gefühle in Ihnen aus?
Was berührt Sie in einem Ritual?
Womit können Sie sich identifizieren?
Was ist ein Teil von Ihnen?

Wenn wir ein eigenes Ritual entwickeln, so haben wir in gewisser Weise die Möglichkeit, unser Körpergedächtnis zu schulen und dadurch gleichsam alle anderen Sinne zu entfalten. In dem Moment, in dem ich alles ritualisiert und gleichförmig wiederhole (was jedoch nicht gleichzusetzen ist mit einem herunterleiernden Sprechen oder einem unbeseelten Handeln), genügt dem Körper schon nach kurzer Zeit, also wenigen Wiederholungen, das kleinste Zeichen des Beginns, um seine Sinne dem Heiligen, dem Heilen(den) und Andersweltlichen, zu öffnen. Dadurch können der rationale Geist und der innere Beobachter für die Zeit des Rituals zurücktreten. Infolgedessen können u.a. eine unzensierte Trance von inniger Entrücktheit, ein höchst animalischer Krafttiertanz, ein Heiltanz voller Hingabe an die Spirits und auch Hingabe an die Ritualteilnehmer oder den einzelnen Klienten innerhalb einer Sitzung wie von selbst entstehen. Wenn wir zum Beispiel jede Sitzung mit dem Räuchern eines bestimmten Harzes oder Krautes beginnen, das wir nur zu diesem Zwecke verwenden, so erinnert dieser Duft unsere Seele sofort an all die Momente, in denen wir mit der Anderswelt verwoben waren, und unser Körper weiß sofort, dass nun gleich die schamanische Arbeit beginnt. Wir arbeiten dann ganz im Einklang mit unserem Körper und der uns umgebenden Welt und können allein schon dadurch Impulse des Einklangs und der Ganzheit bei dem jeweiligen Klienten anregen. Vereinfacht ausgedrückt könnte man auch sagen: Man installiert in sich einen Schalter, durch dessen Betätigung »das Licht« eingeschaltet wird. Wenn wir in unserem Haus oder unserer Wohnung einen dunklen Raum betreten, findet unsere Hand fast wie von alleine den Lichtschalter, sodass wir sehen können. Ebenso kann uns ein Ritual wie die Anrufung zur Gewohnheit werden. Unser Geist stimmt sich sofort darauf ein, was danach folgt. Es ist fast, als würden wir unserem Bewusstsein zuflüstern: Es werde Licht!

Schlusswort: Den Weg gehen – die Beziehung vertiefen

••••

Ein wahrer Weg beschreibt einen Kreis:
aus unserem Herzen hinaus in die Welt –
und wieder zurück in unser verwandeltes Herz.

••••

Ist es ein Weg mit Herz? Diese Frage ist wirklich die wichtigste, wenn es um Spiritualität geht. Ist unser Herz dabei? Sind wir ganz und authentisch in unserem Tun? Glauben wir nur etwas, was wir vom Hörensagen kennen, oder haben wir wirklich etwas erfahren?
Können wir spüren (zumindest in manchen Momenten), dass alles miteinander verbunden ist, oder ist das für uns nur ein Glaubenssatz, den wir in keiner Weise überprüfen können?

Wenn wir Wesen anrufen, die uns begegnet sind und zu denen wir eine Verbindung spüren, wird der Zugang zur Anderswelt immer leichter werden, da wir uns der Unterstützung dieser Wesen sicher sein dürfen. Wir werden den Unterschied spüren. Unser Herz weiß genau, was ihm entspricht und wie es für uns den Weg in eine größere Welt und eine tiefere Verbundenheit bereiten kann.

Schamanismus ist kein Glaubenssystem, sondern eine Erfahrungsspiritualität, die zu einer neuen Weltsicht und einer neuen Lebenseinstellung führt, die von Achtsamkeit und Respekt geprägt sind.
Der schamanische Weg ist somit eine besondere Beziehung zur Welt, die sich immer mehr vertieft. Je mehr Kontakt wir zu den Wesen, Himmelsrichtungen und Elementen haben, die wir anrufen, desto mehr Kontakt haben wir

auch zu der Welt, die uns umgibt. Wie schon zu Beginn dieses Büchleins gesagt: Was in der Anderswelt mit und durch uns geschieht, hat auch Veränderungen in unserer Alltagswelt zur Folge und wirkt sich auf unser ganzes Leben aus. Wir entdecken eine tiefe Wahrheit, die schon immer in uns geschlummert hat und die sich nun in unserem Denken, unseren Gefühlen, in unseren Beziehungen, in unseren alltäglichen Handlungen und unserem Verhältnis

zur Welt und all ihren Wesen bemerkbar macht. Inmitten des Lebens, das uns auf so mannigfaltige Weise umgibt, werden wir selbst immer lebendiger!

Mögen alle schamanisch Reisenden von diesen Veränderungen profitieren und die Früchte ihrer Erfahrungen in die Welt hinaustragen. Möge dies dem Wohl aller Wesen dienen!

Danksagung

Wir danken unseren Lehrern und Helfern in allen Welten – eure Impulse waren und sind eine große Kraft in unserem Leben.

Wir danken Heidi und Markus Schirner für ihr Vertrauen in unsere Arbeit und für ihre Unterstützung, diese zu verbreiten, ebenso Claudia Simon, die unsere Veröffentlichungen so wunderbar begleitet.

Wir danken all den Menschen, die uns ihr Vertrauen so vielfältig entgegenbringen, sei es in unseren Seminaren oder den vielen Einzelgesprächen und Sitzungen, sowie letztlich beim Kauf dieses Büchleins. Uns ist bewusst, dass es ohne sie unsere Arbeit nicht in dieser Weise geben könnte und somit unser Leben ein anderes wäre. Danke!

Über die Autoren

Jennie Appel liegt es am Herzen, Brücken zwischen schamanischen Traditionen und unserer modernen westlichen Welt zu bauen. Die Autorin von mehr als zehn Büchern zu spirituellen Themen begleitet als Ortskundige der Anderswelt Menschen auf deren ganz persönlichen Wegen und hilft, die dort gemachten Erfahrungen in die Alltagswelt zu übersetzen und lebbar zu machen. Seit vielen Jahren gibt sie ihr Wissen in Einzelsitzungen sowie den Ausbildungsgruppen »Sacred Soul Journey« und »Sacred Drum Journey« weiter.

Ihre besondere Aufgabe sieht sie darin, aus den teils gebrochenen Traditionen unserer Ahnen neue Wurzeln für das Leben wachsen zu lassen und somit Menschen zur eigenen Mitte, zu den eigenen Visionen des Lebens und zur Quelle der Selbstheilungskräfte zu führen.

Wenn sie mit ihren Hunden in der Natur unterwegs ist, wird sie stets von einer stillen Kraft erfüllt, die in ihre Arbeit und ihren ganzheitlichen Ansatz des Lehrens und Miteinander-Teilens einfließt.

Mehr Informationen zu ihren Seminaren und Veröffentlichungen finden Sie hier:
www.jennie-appel.de

Dirk Grosser ist Autor, Musiker und Seminarleiter sowie Redakteur beim Achtsamkeitsmagazin »moment by moment«. Er liebt lange Spaziergänge, Hunde, Wälder, Berge und das Meer, verfügt über langjährige Erfahrung in den mystischen Zweigen der Weltreligionen und den entsprechenden Meditationstraditionen. In diesem Rahmen hat er zahlreiche Bücher und CDs veröffentlicht.
Zudem berät er Menschen in spirituellen Krisen, denen er zu einem neuen Blick auf ihren ganz eigenen Weg verhilft. Er meditiert regelmäßig, aber traditionsungebunden und hat in dieser Praxis schon einige Höhen und Tiefen kennengelernt – darunter auch Tiefen, die sich im Nachhinein als Höhen entpuppten und umgekehrt. Er ist Vater zweier Töchter und lebt gemeinsam mit seiner Frau Jennie Appel im schönen Kalletal.

Mehr Informationen zu seinen Seminaren und Veröffentlichungen finden Sie hier:
www.dirk-grosser.de

Literaturhinweise

Dr. Alberto Villoldo: ***Das geheime Wissen der Schamanen,***
Goldmann Verlag, München 2001

Caitlín Matthews: ***Das Lied der Seele,***
Arun Verlag, Uhlstädt-Kirchhasel 2005

Dr. Michael Harner: ***Der Weg des Schamanen,***
Hugendubel, München 1980

Sandra Ingerman: ***Die schamanische Erfahrung,***
Arkana, München 2010

Sandra Ingerman: ***Die schamanische Reise,***
Ariston, München 2004

Jeanne Ruland: ***Krafttiere,***
Schirner Verlag, Darmstadt 2004

Dr. Wolf-Dieter Storl mit Dirk Grosser: ***Schamanentum – Die Wurzeln unserer Spiritualität,***
Aurum, Bielefeld 2010

Mircea Eliade: ***Schamanismus und archaische Ekstasetechnik,***
Suhrkamp, Frankfurt am Main 1975

Olaf Bernhardt mit Jennie Appel: ***Spirits – Geister im Herzen – Schamanische Wege zu den Kräften der Natur,***
Arun Verlag, Uhlstädt-Kirchhasel 2013

Regula Meyer: ***tierisch gut,***
Arun Verlag, Uhlstädt-Kirchhasel 2002

Abbildungsverzeichnis

S. 8/9: Fotolia_53809462 (© Floydine)
S. 15: Fotolia_41730698 (© vovan)
S. 21: Fotolia_56960617 (© Floydine)
S. 27: Fotolia_32542061 (© monropic)
S. 30/31: Fotolia_57300527 (© vitmark)
S. 32: Fotolia_33328333 (© styleuneed)
S. 34/35: Fotolia_25059354 (© Gudellaphoto)
S. 41: Fotolia_47085400 (© veneratio)
S. 44: Fotolia_45270020 (© LuVi)
S. 48: Fotolia_42887585 (© satori)
S. 59: Fotolia_56706136 (© rangizzz)
S. 62: Fotolia_46472083 (© lightpoet)
S. 70: Fotolia_49079715 (© James Thew)
S. 83: Fotolia_25519847 (© LoSa)
S. 88: Fotolia_26269913 (© monropic)
S. 90/91: Fotolia_18053900 (© Stefan Körber)

Bild bei Übungen und auf S. 77: Fotolia_576534 (© .shock)
Ornament bei Anrufungen: Fotolia_8001582 (© Jamey Ekins)